EXPOSITION UNIVERSELLE DE 1889

Congrès international des Procédés de Construction

NOTE

SUR

LES CONSTRUCTIONS MÉTALLIQUES

PAR

MM. EIFFEL, CONTAMIN ET FOUQUET

PARIS
IMPRIMERIE ET LIBRAIRIE CENTRALES DES CHEMINS DE FER
IMPRIMERIE CHAIX
SOCIÉTÉ ANONYME AU CAPITAL DE SIX MILLIONS
Rue Bergère, 20
1889

CONGRÈS INTERNATIONAL DES PROCÉDÉS DE CONSTRUCTION

NOTE
SUR
LES CONSTRUCTIONS MÉTALLIQUES
PAR
MM. EIFFEL, CONTAMIN ET FOUQUET

AVANT-PROPOS

Les constructions métalliques jouent actuellement un rôle considérable dans l'art de l'Ingénieur et ont rendu possible la réalisation d'une foule de problèmes que l'on n'aurait pas même songé à aborder dans la première moitié de ce siècle. Leur emploi s'est d'autant plus répandu que des besoins nouveaux se sont manifestés par l'extension des chemins de fer et la création des hardis ouvrages d'art qu'ils nécessitent. En outre, la science spéciale qui régit ces constructions a d'autant plus captivé l'esprit des Ingénieurs en les incitant à de nouvelles applications et à de nouvelles recherches, qu'elle présente des méthodes avec lesquelles on peut soumettre au calcul, avec une précision et une sûreté complètes, les différentes pièces, si minimes qu'elles soient, qui entrent dans la composition de ces grands ouvrages.

L'Angleterre a été la première nation, en raison de la nature de son sol et de la situation spéciale de son industrie, à faire l'emploi de ce genre de construction; mais la France y a bientôt pris une très grande place, grâce à la science de ses Ingénieurs. Ceux-ci, ont en effet, les premiers, posé les principes qui devaient guider dans l'emploi raisonné de la matière et constituer la science que l'on appelle la *résistance des matériaux*. Grâce à elle, l'emploi du métal a pu se faire avec une remarquable précision et conduire à réaliser des ouvrages qui semblent d'une extrême hardiesse pour tous les esprits qui ne sont pas familiarisés avec les ressources de la construction moderne, dont le métal est en quelque sorte le type.

Il fut d'abord appliqué sous forme de *fonte de fer* aux ponts et aux charpentes; mais cet emploi va constamment en se restreignant, tandis que celui des fers laminés réunis par ce mode parfait d'assemblage, qui est le *rivure*, se développe de plus en plus.

C'est à l'infini que l'on pourrait actuellement compter les applications des constructions métalliques. Les plus importantes se réalisent dans les charpentes et dans les ponts auxquels il va être consacré deux chapitres spéciaux.

Mais combien y en a-t-il d'autres encore, parmi lesquelles nous citerons :

Les piles de viaduc dans lesquelles la fonte se trouve peu à peu éliminée par le fer;

Les phares;

Les jetées ou môles de débarquement;

Les bassins de radoub flottants ou fixes;

Les caissons pour fondations métalliques de piles ou quais;

Les portes d'écluses, etc., etc.

Enfin, tous les nouveaux types de navires qui ne sont que de grandes constructions métalliques.

Tout semble favoriser cet essor : la métallurgie met à la disposition du constructeur un métal de plus en plus perfectionné et dont le prix va constamment en s'abaissant; les méthodes de calcul se simplifient et se précisent de jour en jour; enfin, les procédés de mise en place deviennent à la fois plus hardis, plus sûrs et moins coûteux.

Il n'y a nul doute que ces constructions, qui seront un des caractères de notre siècle, ne produisent, dans un avenir prochain, des monuments et des ouvrages d'art d'une importance beaucoup plus considérable que ceux que nous avons aujourd'hui sous les yeux.

CHAPITRE PREMIER

Des charpentes métalliques.

L'emploi du fer dans la construction des charpentes métalliques date de loin, mais n'a commencé à prendre une grande extension que depuis l'établissement des chemins de fer et les progrès considérables réalisés dès cette époque dans le laminage des fers.

Tant que le fer n'a été fabriqué en barres qu'au moyen du forgeage, ce qui limitait singulièrement la longueur des barres et en rendait le prix forcément élevé, on ne s'en est servi que pour armer des coupoles en maçonnerie, consolider des assemblages de charpentes en bois, construire des balcons, des serres, exécuter, en un mot, de la serrurerie, mais non de la charpente.

Les combles du Théâtre-Français furent établis, il est vrai, en fer forgé à la fin du siècle dernier, mais la construction en fût si coûteuse que lorsqu'il s'agit, en 1809, de reconstruire la coupole de la Halle aux blés, on décida de l'établir en fer fondu, autant, dit le rapport rédigé à cette occasion par F. Brunet, pour éviter l'incendie qui venait de détruire l'ancienne couverture, que pour favoriser une fabrication en fonte beaucoup plus économique que les ouvrages en fer forgé. Les voussoirs des fermes de cette coupole furent fondus dans les établissements du Creusot, situés à Montcenis, qui à cette époque comptaient déjà parmi les établissements métallurgiques les plus importants du pays.

L'emploi du bois présente non seulement des dangers d'incendie, mais il exige de plus des frais d'entretien qui, pour maintenir le bois dans un bon état de conservation, ne sont pas négligeables ; il se prête fort bien à la construction de charpentes recouvrant des espaces de dimensions ordinaires, mais il devient d'un emploi coûteux dès que ces dimensions deviennent un peu grandes, autant à cause des difficultés de se procurer des pièces d'un équarrissage et d'une longueur convenables, que des soins tout particuliers qu'il faut apporter à l'établissement des jonctions et assemblages entre les pièces. Et, comme l'amélioration progressive dans le bien-être général, l'accroissement de population dans les centres urbains, la centralisation administrative et les nécessités des services publics ont conduit, depuis un siècle, particuliers et administrations à augmenter constamment les espaces consacrés à la vie privée et publique, il en est résulté, qu'Ingénieurs et Architectes ont, depuis cette époque, toujours cherché les moyens les plus économiques de recouvrir de grandes surfaces avec le moins d'appuis possibles.

On a d'abord essayé, tout en conservant les mêmes types de fermes, de substituer aux pièces en bois des pièces de profils semblables mais en une matière beaucoup plus résistante et incombustible, comme le fer. Mais on a vite reconnu que la similitude des profils rendait la solution souvent difficile et dans tous les cas beaucoup plus coûteuse.

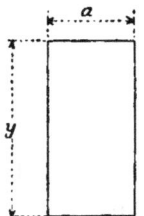

$\Omega = ay$
$a = \dfrac{y}{n}$
$\Omega = \dfrac{y^2}{n}$

Si l'on considère, en effet, un profil rectangulaire, seul employé dans la constitution des charpentes en bois, et que l'on exprime ses dimensions principales, figurées dans le croquis ci-contre, en fonction des forces déformatrices qui agissent d'un côté d'une section quelconque de la pièce considérée, on trouve pour relations entre les dimensions de cette section, les tensions et compressions (R) qui se développent dans ses fibres extrêmes, le moment fléchissant (μ) l'effort tranchant (T) et l'effort longitudinal total (N) dans cette même section :

$$R = \frac{v}{I}\mu + \frac{N}{\Omega} \text{ et } \frac{3}{4} R = > \frac{T}{aI} \int^{\frac{h}{2}} y\, d\omega ;$$

d'où l'on déduit, en négligeant tout d'abord (N), c'est-à-dire ne supposant les pièces soumises qu'à l'action des forces transversales :

$$y = \sqrt[3]{6n\frac{\mu}{R}} \text{ que l'on adopte si } y = > \sqrt{2n\frac{T}{R}}$$

relation donnant pour poids (p) du mètre courant de solive se rapportant à cette section, en représentant par ϖ le poids spécifique de la matière :

$$p = \varpi \sqrt{\frac{36}{n}\frac{\mu^2}{R^2}} = 3{,}301\, \varpi \sqrt{\frac{\mu^2}{nR}}$$

le rapport des poids (p_b) et (p_f) de solives en bois et fer caractérisées par des résistances (R_b) et (R_f), subissant les mêmes efforts, est donc :

$$\frac{p_b}{p_f} = \frac{\varpi_b}{\varpi_f} \sqrt[3]{\left(\frac{R_f}{R_b}\right)^2}$$

si nous supposons les profils rectangulaires des deux pièces caractérisés par le même rapport (n) entre leurs deux dimensions.

Ce rapport devient dans le cas de bois de sapin caractérisé par [$\varpi = 600$] et [$R_b = 0{,}6 \times 10^6$] en remarquant que pour le fer ($\varpi_f = 7800$) et ($R_f = 6 \times 10^6$) :

$$p_b = 0{,}357\, p_f.$$

Dans le cas de bois de chêne pour lequel ($\varpi_b = 800$) et ($R_b = 0{,}60 \times 10^6$) on a :

$$p_b = 0{,}506\, p_f.$$

Et en supposant que pour le fer on adopte la limite extrême [R] il vient, toujours dans le cas de pièces en chêne :

$$p_b = 0,710 \; p_f.$$

La construction en bois, tout en se trouvant dans des conditions de résistance aussi bonnes que celle en fer, est donc plus légère que cette dernière, et comme la différence de prix entre la tonne de bois et celle de fer est et surtout était, très sensible, la substitution au bois de profils semblables en métal devenait impossible.

Lorsque les pièces ne sont soumises qu'à l'action d'efforts longitudinaux (N), ces rapports sont plus avantageux, puisque leur valeur :

$$\frac{p_b}{p_f} = \frac{\varpi_b}{\varpi_f} \times \frac{R_f}{R_b}$$

devient dans le cas de bois de sapin :

$$p_b = 0,77 \; p_f$$

et dans le bois de chêne :

$$p_f = 1,09 \; p_f$$

avec R_f pour le fer égal à $(6,10^b)$.

Mais la réalité, comprise entre les deux, reste toujours défavorable au fer ; elle résulte d'ailleurs du rapport obtenu en remplacement dans l'expression :

$$p = \varpi \sqrt[3]{\frac{36}{n} \frac{y}{R^2} + \frac{N}{n \, R^2} [12 \, p + Ny] \, y}$$

(ϖ) et (R) par leurs valeurs se rapportant aux matériaux considérés.

On peut bien encore améliorer le rapport entre (p_b) et (p_f) en attribuant au rapport (n) des deux dimensions des profils, des valeurs différentes, plus grandes pour le fer que pour le bois, mais on ne peut pas aller bien loin dans cette voie à cause de la résistance que les pièces doivent présenter au voilement.

Il a donc fallu chercher d'autres solutions rendant possible et économique le remplacement du bois par le fer. On les a trouvées en étudiant des types nouveaux de construction, appropriés aux qualités de la matière que l'on substituait au bois, et en remplaçant les profils rectangulaires se rapportant au bois, par des profils en double I pour toutes les pièces en fer soumises à des efforts simultanés de flexion et de compression ou de tension.

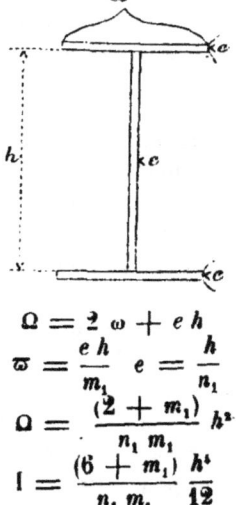

$$\Omega = 2\,\omega + e\,h$$
$$\varpi = \frac{e\,h}{m_1} \quad e = \frac{h}{n_1}$$
$$\Omega = \frac{(2 + m_1)}{n_1 \, m_1} h^2$$
$$I = \frac{(6 + m_1)}{n_1 \, m_1} \frac{h^4}{12}$$

L'avantage de cette substitution de profil s'établit très simplement pour le cas où les pièces ne subissent l'action que de forces transversales.

Si le profil adopté est caractérisé par les dimensions générales indiquées ci-contre, ces dimensions seront déterminées par les relations :

$$h = \sqrt[3]{\frac{6\,n_1\,m_1}{(6+m_1)}\frac{\mu}{R}}$$

à la condition que :

$$h => \frac{4\,n_1\,(12+3\,m_1)}{3\,(12+2\,m_1)}\left(\frac{T}{\bar{R}}\right)$$

d'où l'on déduit :

$$p = \varpi \sqrt[3]{\frac{36}{n_1\,m_1}\left\{\frac{(2+m_1)^3}{(6+m_1)}\right\}\frac{\mu^2}{R_f^2}}$$

et pour expression du rapport entre les poids des solives en bois et celles en fer soumises aux mêmes forces déformatrices

$$\frac{p_b}{p_f} = \frac{\varpi_b}{\omega}\sqrt[3]{\frac{n_1\,m_1}{n}\left\{\frac{(6+m_1)^2}{(2+m_1)^3}\right\}\left(\frac{R_f}{R_b}\right)^2}$$

Si l'on attribue à ϖ_b et R_b les valeurs caractéristiques du bois de sapin, et si l'on prend $(n=2)$ avec $(n_1=6)$ et $(m_1=3)$, il vient dans l'hypothèse de $(R_f = 6 \times 10^b)$:

$$p_b = 0{,}077 \times 8{,}354\,p_f = 0{,}643\,p_f,$$

valeur déjà beaucoup plus favorable que celle de 0,357 trouvée dans l'hypothèse du profil semblable à celui de la solive en bois.

Si l'on attribue enfin à (ϖ_b) et (R_b) les valeurs caractéristiques du bois de chêne, et si l'on admet $(R_f = 10{,}10^b)$ il vient :

$$p_b = 0{,}109 \times 11{,}74 = 1{,}279\,p_f$$

rapport tout à l'avantage du fer en tant que l'on ne considère que le poids des matières nécessaires pour résister aux mêmes forces déformatrices.

Mais c'est surtout la substitution des nouveaux types de construction aux anciens qui a permis aux Ingénieurs et Architectes de se servir dans leur art des propriétés si variées du fer et de profiter des progrès constants que les métallurgistes réalisent dans leur fabrication.

On peut dire que les qualités spéciales à ces matériaux ont inspiré une nouvelle architecture s'appliquant à deux grands genres de bâtiments, les uns tout en métal, les autres en maçonnerie et métal, et, plus on a recherché les dispositions réalisant pour chaque pièce le minimum de fatigue, plus l'ensemble de la construction a présenté un aspect agréable à la vue et satisfaisant pour l'esprit. En proscrivant toute ornementation inutile et accusant franchement les dimensions résultant des recherches faites pour trouver les dispositions soumettant les pièces au minimum de fatigue, on était certain de créer des ensembles harmonieux, car chaque partie y était appropriée à sa fin et faite exprès pour son milieu.

La première grande transformation que les Ingénieurs ont apportée aux conditions d'établissement des charpentes a été faite par Polonceau qui, en soutenant les arbalétriers en plusieurs points de leur longueur, au moyen de bielles en fonte ou en fer maintenues par des tirants et entraits en fer, a permis d'augmenter dans une grande proportion la longueur de ces arbalétriers et par suite l'ouverture des fermes. Les arbalétriers et pannes conservés tout d'abord en bois ont été peu après remplacés par des solives en fer I ; c'est ainsi que s'est trouvé créé un type qui, universellement adopté dès son origine, se retrouve aujourd'hui dans presque toutes nos gares et couvertures industrielles.

Baltard, en construisant les Halles Centrales tout en métal, a créé un type nouveau d'architecture qui, lui aussi, a servi de modèle pour les édifices du même genre et a été le point de départ de l'établissement d'un grand nombre de halles et marchés, non seulement sur tous les points du territoire, mais encore à l'étranger.

Au même moment était édifiée sur les plans et sous la direction de M. A. Barrault la nef centrale du Palais de l'Exposition de 1855, qui présentait le premier modèle de ferme en arc métallique à grande portée. L'impression produite par cette nef de près de 50 mètres de largeur, tout en métal, fut très grande, et elle servit de point de départ à l'étude de bien des types de fermes en arcs.

De 1855 à 1867 et 1878, de nouveaux progrès sont accomplis en simplifiant les profils donnés aux pièces et surtout les assemblages de ces pièces. La question d'économie dans le prix d'établissement de la construction jouant un grand rôle on s'attache de plus en plus dans l'étude des projets à éviter les pièces de forge et on substitue également de plus en plus le fer à la fonte dans la composition de beaucoup de pièces qu'on était habitué à fabriquer avec cette matière. Le fer se prête en effet plus que la fonte à la construction économique de piliers ou supports rigides à grandes dimensions, constituant de véritables coffres destinés à servir d'appui. Il rend, en outre, les assemblages avec les pièces voisines, plus faciles et permet de leur donner à peu de frais une rigidité que l'on n'obtient avec la fonte que moyennant des dispositions compliquées et coûteuses.

Enfin, les pièces en fer supportent bien plus facilement que la fonte les vibrations auxquelles les constructions industrielles sont soumises, surtout celles qui sont exposées à des vents violents.

Elles sont, de plus, d'une fabrication beaucoup plus rapide et exigent bien moins de précautions dans les transports, chargements, déchargements et coltinages que l'on est toujours obligé de faire subir à ces pièces avant leur montage définitif.

Une tendance enfin se manifeste dans cette même période, c'est l'abandon des tirants ainsi que de toutes les pièces comportant des tendeurs dans la composition des fermes. Cette tendance est d'autant plus accentuée que la portée des fermes est grande. Toutes ces pièces, tendeurs, tirants et extraits, comprennent en effet un travail de forge toujours coûteux, des assemblages qui exigent un travail mécanique soigné et surtout des soudures qui demandent à être exécutées avec de grandes précautions, en constituant néanmoins une source permanente de dangers, malgré les précautions prises pour en contrôler la fabrication. Un autre inconvénient des tirants dans les grandes fermes résulte de l'incertitude que l'on a sur l'état réel de tension dans lequel ces tirants se trouvent et sur les modifications que le temps et les variations dans la température amènent dans la répartition des forces auxquelles les pièces ont à résister.

Ces inconvénients reconnus, on a commencé par modifier le type primitif des fermes Polonceau à bielles, tirants et entraits articulés, en remplaçant ces pièces par des barres composées de fers laminées rivées à leurs points de rencontre. Puis l'on a recherché de nouveaux types comportant plus ou moins la suppression complète des tirants et de ces pièces accessoires.

M. Krantz a réalisé en partie, en 1867, le problème de la construction économique et industrielle des ossatures métalliques à grandes portées, en composant sa grande galerie de 35 mètres d'ouverture et 25 mètres sous clef au moyen de piliers et arcs tout en tôle; mais, en reportant les tirants au-dessus des arcs, il ne s'est pas affranchi de cette partie coûteuse, dont l'action est toujours incertaine.

L'Exposition de 1878 réalise ce dernier progrès. M. de Dion y établit pour la Galerie des Machines des fermes continues en tôle, arquées dans le haut, droites dans le bas et dépourvues de tout tirant. Ces fermes, d'une ouverture de 35 mètres, donnent sous clef une hauteur disponible de 22 mètres constituant avec leurs pieds droits de véritables poutres en arc brisé, encastrées dans le sol par leurs extrémités. Il a donné sur les conditions d'établissement de ces arcs une théorie qui a eu un certain retentissement.

Ce type de construction a depuis été souvent imité. Il est léger, facile de construction et d'un aspect on ne peut plus satisfaisant.

La condition d'économie qui pousse à essayer de recouvrir un espace donné avec le minimum de matière, et en faisant subir à cette dernière le moins de façons possibles, conduit tout d'abord à n'appliquer à la recherche des dimensions à donner aux pièces que des méthodes de calculs absolument certaines, puis à ne composer les éléments de la ferme ou de l'ossature qu'avec des tôles, fers plats, cornières ou fers profilés simplement percés et coupés de longueur et dont les extrémités seules sont ajustées et dressées de manière à supprimer tout vide aux jonctions. Elle conduit de plus à éviter de contrecouder ces pièces afin de ne pas recourir à un travail de forge toujours dispendieux à exécuter et que les fers employés à ce genre de travaux ne supportent d'ailleurs jamais très bien. Ce mode de construction entraine, comme conséquence de la suppression de tout travail de forge, l'usage d'un certain nombre de fourrures qui augmentent d'autant le poids de l'ossature; mais réduit néanmoins le prix de revient de l'ouvrage en diminuant suffisamment les façons à faire subir à ses différents éléments et en réduisant dans une certaine proportion les prix unitaires d'achat des matières premières.

C'est en obéissant à ces considérations qu'ont été créés les types de fermes constitués par une simple poutre dont les membrures supérieures constituent deux rampants ayant l'inclinaison compatible avec le mode de couverture adopté et dont les membrures inférieures sont plus ou moins cintrées de manière à présenter dans la section milieu les dimensions nécessaires pour que la poutre ainsi constituée puisse résister aux charges qu'elle a à supporter. Cette poutre, posée sur deux piliers n'exerce, sur eux aucune poussée, elle permet donc de composer une ossature très simple, pouvant abriter des surfaces délimitées par des appuis suffisamment écartés.

La certitude des méthodes de calcul employées et la nécessité d'un mode de construction économique étaient surtout essentielles à réaliser dans l'étude des ossatures métalliques des bâtiments de l'Exposition de 1889 qui devaient couvrir plus de 200,000 mètres et être établis à peu de frais, tout en comportant des distances entre les appuis et des hauteurs sous ferme qui n'avaient encore jamais été atteintes.

Pour toutes les fermes de portées et hauteurs sous clef ne dépassant pas les dimensions on a constitué leur ossature au moyen de poutres en fer à deux rampants portant les lanterneaux et simplement posées sur des piliers également en fer. On n'a eu recours aux colonnes en fonte que pour satisfaire aux exigences de la décoration : leur emploi n'a été qu'une exception. Les fermes cintrées ont été constituées au moyen de poutres en plein cintre à section constante, remplissant toutes les conditions voulues pour satisfaire aux formules se rapportant aux poutres courbes; elles ont été formées par deux fers en U accolés dos à dos et dans l'intervalle desquels on a fixé les montants soutenant le rampant et le lanterneau.

Les grandes fermes de 113^m,50 d'ouverture du Palais des Machines et de 52 mètres du Palais des Beaux-Arts et Arts Libéraux ont été étudiées en s'imposant de satisfaire aux mêmes conditions de sécurité sous le rapport du calcul et de simplicité de construction des pièces de ces immenses ossatures.

La qualité des fers employés à la construction étant celle définie dans tous les cahiers des charges des grandes compagnies et administrations publiques, il fut admis que l'on limiterait la fatigue possible à 9 kilogrammes par millimètre carré dans les parties de la construction où se cumuleraient toutes les conditions défavorables à la résistance. Eu égard à cette limite relativement élevée, puisqu'elle atteint la moitié de la limite d'élasticité, il fallait établir, pour les calculs, des bases qui tinssent compte de toutes ces circonstances défavorables et recourir à des méthodes de calcul ne laissant subsister dans l'esprit aucun doute sur la répartition des fatigues moléculaires.

On a admis, eu égard aux grandes dimensions de la ferme et à sa grande hauteur au-dessus du sol, que ses rampants pouvaient être exposés à subir l'action d'un vent de 120 kilogrammes par mètre de projection dans le sens du vent et supporter une charge de neige de 50 kilogrammes par mètre de couverture. Ces hypothèses répondent bien aux cas les plus défavorables qui peuvent se présenter.

L'emploi de tirants n'étant pas possible, surtout pour la grande ferme, car ils auraient encombré l'espace ou les sous-sols et auraient été extrêmement coûteux, du fait de leurs poids, ainsi que de leurs supports, on s'est décidé à faire reporter les extrémités des fermes sur de véritables culées de ponts enterrées dans le sol et disposées pour résister aux poussées exercées par les fermes.

La fixité de ces appuis ne pouvant pas être garantie d'une manière absolue, d'autre part, la section transversale de l'arc ne présentant pas la constance dans la section et la continuité dans la fibre moyenne que supposent les formules de Bresse se rapportant aux poutres courbes, on s'est trouvé embarrassé pour recourir à une répartition de matière proportionnée à la fatigue réelle dans chaque section, la détermination de cette fatigue ne présentant rien d'absolu par la méthode ordinairement suivie.

En articulant les deux moitiés de ferme au sommet et sur les appuis et en les faisant porter et reposer sur des tourillons parfaitement dressés et de diamètre suffisant pour que la pression par millimètre ne dépasse pas celle compatible avec des surfaces maintenues onctueuses, on était absolument fixé sur le point de passage des forces en ces trois points et on rendait la répartition des efforts intérieurs mathématiquement certaine, quelle que fût l'hypothèse de surcharge ou de variation de température.

Ces considérations ont déterminé le point de départ de la constitution de l'arc et la répartition de la matière dans les différentes sections; de cette répartition est résultée la forme même donnée à ces fermes qui, par le fait, est rationnelle et inspire par suite toute quiétude à ceux qui les examinent.

Le système par articulation conduit à l'emploi d'un poids de matière un peu plus grand que le système avec arc continu; mais comme ce dernier laisse planer une certaine incertitude dans la répartition réelle des forces, quand on n'est pas certain de la fixité absolue des appuis et de la constitution théorique de la poutre, on ne peut plus répartir aussi sûrement la matière suivant les véritables fatigues et de ce fait réaliser l'économie que comporte cette opération.

L'action du vent est on ne peut plus sensible dans ces grandes constructions, non seulement dans le sens des fermes, mais aussi dans le sens perpendiculaire à leur plan. Un puissant contreventement doit donc être établi pour combattre la tendance au déversement dans cette dernière direction.

Ce type de construction à articulation, qui vient d'être en France appliqué pour la première fois à de grandes fermes, peut rendre des services dans l'étude de ce genre de construction; il nécessite quelques précautions pendant le montage et dans l'établissement des tourillons : nous le croyons appelé à se développer à cause de la sécurité qu'il donne sur les résultats fournis par les calculs.

Les considérations développées sur l'emploi de l'acier dans la construction des ponts s'appliquent également aux fermes; mais jusqu'à présent on n'a encore fait qu'un usage très restreint de ce métal, à notre connaissance du moins.

CHAPITRE II.

Des ponts métalliques.

§ 1. — DES DIVERS SYSTÈMES DE PONTS

La construction des ponts métalliques n'est pas restée stationnaire dans ces dernières années ; le développement incessant des chemins de fer et des voies de communication en général ne s'est pas arrêté après l'établissement des grandes artères de la circulation des voyageurs et des marchandises.

On a reconnu la nécessité de relier entre elles certaines grandes lignes séparées par des obstacles naturels qui avaient d'abord paru insurmontables ; les pouvoirs publics ont ordonné la construction de chemins de fer de second ordre dans des régions où des accidents de terrains semblaient interdire à tout jamais leur établissement, à moins de dépenses hors de proportion avec le résultat à obtenir.

Des problèmes nouveaux se sont trouvés posés, et ont obtenu une solution à la fois élégante, ingénieuse et relativement économique.

Des types nouveaux de ponts métalliques ont été créés pour chaque cas particuliers, quand les types de ponts déjà connus ne se prêtaient pas à la solution recherchée, ou quand l'application de systèmes déjà employés eût été trop coûteuse.

Pendant la même période des accidents survenus à des ouvrages déjà anciens ont attiré l'attention des Ingénieurs ; on a cherché s'il y avait lieu de faire entrer des considérations nouvelles dans les calculs et dans les projets des ouvrages à construire.

Grâce aux progrès de la métallurgie, qui est arrivée à produire l'acier industriellement à un prix assez voisin de celui du fer, les Ingénieurs ont pu mettre en œuvre un métal plus résistant que le fer, et dont l'emploi s'impose dans certains cas où le fer ne suffirait pas, ou tout au moins donnerait lieu à des difficultés techniques et à des dépenses exagérées.

Enfin, des observations ont été faites sur les conditions de travail du métal employé dans les ponts.

Le cadre forcément restreint, dans lequel cette note doit se renfermer, ne permet pas d'élucider la question des ponts métalliques, d'énumérer chronologiquement les différents systèmes de ponts métalliques qui se sont produits dans ces dernières années, de discuter toutes les appréciations qui ont été énoncées ; le temps et les documents nous manquent également pour un travail de ce genre ; nous nous bornerons donc à signaler les points les plus saillants qui peuvent donner lieu à des observations intéressantes et à des échanges d'idées utiles, et nous faisons remarquer que nous avons dû, volontairement ou involontairement, négliger des travaux intéressants et des recherches personnelles qui ne manquent pas de mérite et qui, d'ailleurs, pourront être mis au jour dans la discussion.

Types divers de construction.

Jusqu'à ces dernières années il n'avait été employé, au moins pour les grands ouvrages, que trois systèmes principaux de ponts en métal, qui avaient, d'ailleurs, donné lieu à des combinaisons mixtes plus ou moins justifiées :

Ponts suspendus ;

Ponts à poutres, soit à profil constant, soit de forme parabolique ;

Ponts en arcs, le plus souvent en fonte, supportant à l'extrados la voie ferrée ou charretière, et calculés alors à peu près sur le même principe que les ponts en maçonnerie voûtés ;

Enfin la combinaison de ces trois systèmes.

Ces divers types de ponts étaient, d'ailleurs, exécutés, soit en fonte de fer, soit en fer.

En Europe, on avait, d'une manière à peu près générale, construit tous les ponts en fers, au moyen de tôles et de fers profilés assemblés par rivure, de manière à constituer un tout rigide ; en un mot, étant donné l'impossibilité de construire un pont en un seul morceau de fer, les assemblages étaient établis de manière à réaliser par la rivure un pont se rapprochant le plus possible d'un ouvrage d'un seul morceau.

Aux États-Unis, au contraire, et dans certains cas particuliers en Europe, on avait souvent procédé autrement ; on avait adopté de parti pris une disposition ressemblant à celles que réalisent toutes les charpentes en bois, c'est-à-dire l'adoption de pièces séparées, s'arcboutant les unes aux autres, et réunies par des articulations autour desquelles chaque pièce pouvait, théoriquement, tourner.

Ce système avait en vue de réduire le travail de mise en place des ponts, en permettant d'expédier des usines de construction des pièces complètement finies et dont l'assemblage ne demandait que la pose d'un boulon ou d'une pièce réalisant l'articulation.

Après plusieurs années d'expérience, il ne paraît pas que ce dernier système ait donné tous les avantages qu'on en attendait ; il semble certain, en tous cas, que les ponts ainsi établis ne présentent pas la même stabilité, la même résistance que les ponts rivés dans toutes leurs parties, et constituant un ensemble rigide.

Il se produit forcément aux articulations des efforts très considérables dont l'exacte répartition sur les surfaces en contact exigerait une perfection d'exécution qu'il est toujours difficile de réaliser, qui doit dans bien des cas faire défaut, et qu'on n'obtendrait que par des procédés d'exécution très coûteux.

Alors même qu'on arriverait à cette perfection, et les constructeurs américains ont employé tous leurs efforts pour y réussir, l'absence de rigidité de l'ouvrage persisterait, et nous sommes disposés à croire que ce système de construction sera abandonné.

Déjà des Ingénieurs américains ont attribué, à tort ou à raison, à ce système de construction, les accidents nombreux qui se sont produits aux États-Unis sur des ponts métalliques.

Parmi les types nouveaux de ponts métalliques de ces dernières années, nous signalerons :

Le pont du Douro et des dérivés tels que le viaduc de Garabit (pour chemin de fer) et Don Luis (pour route) sur le Douro, à Porto. Les deux premiers sont constitués par un arc métallique continu de très grande portée, dont la hauteur à la clef est de 10 mètres, puis décroît à peu près uniformément jusqu'aux naissances, où elle se réduit à $1^m,720$, et se termine par une articulation; pour le pont Don Luis, la hauteur de l'arc à la clef est de 8 mètres et aux naissances de 12 mètres, les naissances aboutissent aussi à une articulation.

Les dimensions principales du viaduc de Garabit sont les suivantes :

Longueur totale de l'ouvrage . . . . $552^m,778$
Longueur totale de la partie métallique . . . . $448^m,300$

Comprenant :

Un viaduc de quatre travées (côté Marvejols) de . . . . . . $218^m,540$
Une travée centrale (d'axe en axe des piles) . . . . $177^m,720$
Une travée (côté de Neussargues) . . . . $52^m,040$
Corde de l'arc central . . . . $165^m,$ »
Flèche d'intrados de l'arc central . . . . $51^m,858$
Hauteur de l'arc à la clef . . . . $10^m,$ »
Hauteur du fond de la vallée au-dessus du rail. . . . . . . $122^m,500$

L'arc porte un certain nombre de piles métalliques en fer sur les deux versants de droite et de gauche; cette disposition permet de faire reposer un tablier à plusieurs travées assez réduites, à la fois sur l'arc, dans la région de la clef, et sur les piles métalliques établies de distance en distance sur les reins de l'arc.

Les ouvrages établis suivant ce système ont déjà plusieurs années d'exécution et ont parfaitement réussi.

Le pont du Forth est en construction dans ce moment en Angleterre.

Le système adopté consiste principalement en ceci : une pile supporte un tablier métallique qui se prolonge en porte-à-faux, de part et d'autre au delà de ses appuis en formant consoles ; deux autres piles semblables supportent chacune un autre tablier débordant également sur ses appuis; une travée métallique intermédiaire établit la jonction entre l'extrémité de la console d'un des grands tabliers, et l'extrémité de la console de l'autre grand tablier. Enfin, les parties en porte-à-faux des extrémités viennent reposer sur des culées.

La condition indispensable de la stabilité de cette construction, c'est que la résultante des pressions verticales, c'est-à-dire des charges permanentes et des surcharges, passe toujours dans l'intérieur des piles, et que la position de cette résultante soit telle qu'aucune partie de la fondation des piles ne soit surchargée.

On a obtenu ce résultat en constituant chaque pile par quatre piliers suffisamment écartés les uns des autres.

Cet ouvrage est établi dans les conditions suivantes :

L'espace à franchir est l'estuaire du Forth, soit un véritable bras de mer, dont la profondeur atteint sous les Basses-Mers . . . . 60^m.

Le sol naturel est relevé au milieu de la largeur du Forth, et vient presque affleurer la Basse-Mer ; ce point particulier a été utilisé pour établir la pile centrale ; les deux autres piles sont établies sur chaque rive.

Largeur de la partie profonde. . . . . 1.120^m, »
Ouverture de chacune des deux grandes travées, d'axe en axe des piles . . . . 583^m, »
Espace libre entre les piliers de deux piles contigues. . . 496^m, »
Écartement longitudinal des piliers de la pile centrale (entre axes). . . . . 82^m, 35
Écartement longitudinal des piliers des deux piles de rive (entre axes). . . . . 47^m, 27
Écartement transversal des piliers à toutes les piles (entre axes). . . . . 36^m, 60
Diamètre de chaque pilier à sa base. . . . . 21^m, 30
Hauteur libre au-dessus des Hautes-Mers sur une largeur de 250 mètres environ au milieu de chaque travée. . . . . . 43^m, 60
Hauteur libre au-dessus des Hautes-Mers au milieu de chaque travée. . . . . 47^m,50
Hauteur (sur les piles) des parties les plus hautes de la construction au-dessus du niveau des Hautes-Mers . . . . . 110^m, »
Ouverture de chaque travée de rive. . . . . 208^m, 60
Longueur totale de chaque poutre en encorbellement, y compris la partie en porte-à-faux : partie centrale . . . . 494^m, »
                                      parties latérales. . . . 459^m, »

La traversée du Forth comprend en outre un viaduc sur la rive Sud de 15 travées, donnant une longueur totale de 542^m,40 ; et sur la rive Nord un viaduc d'une longueur totale de 293^m,70.

La longueur totale de l'ouvrage est de 2 468ᵐ,40.

L'ouvrage est encore en construction en ce moment; il fait le plus grand honneur aux ingénieurs qui l'ont conçu, et présente un grand intérêt.

Le tablier est tout entier construit en acier.

D'autres ouvrages ont été construits, ou sont en construction en Amérique sur le même principe; notamment les ponts de:

Dixville sur le Kentucky River (1877).

Longueur totale de l'ouvrage.	343ᵐ, »
Comprenant:	
Une partie centrale d'une longueur de	160ᵐ,16
et d'une hauteur de	11ᵐ,50
reposant sur 2 piles espacées de 114ᵐ,40 avec des porte-à-faux de chaque côté de	23ᵐ, »
Deux tabliers de jonction chacun d'une longueur de	91ᵐ, »

Niagara (1883).

Longueur de l'ouvrage (non compris les viaducs d'approche).	273ᵐ,25
Comprenant:	
Deux parties latérales d'une longueur de	121ᵐ, »
et d'une hauteur maxima de	17ᵐ,08
reposant sur deux appuis espacés de	63ᵐ,25
Une travée de jonction d'une longueur de	36ᵐ,60
et d'une hauteur de	8ᵐ, »

Kentucky et Indiana (1883-1885).

Longueur totale de l'ouvrage	748ᵐ, »
Comprenant:	
Une partie centrale de	208ᵐ, »
d'une hauteur maxima de	19ᵐ,80
reposant sur 2 piles espacées de	110ᵐ, »
avec des porte-à-faux de chaque côté de	49ᵐ, »
Deux parties latérales de	128ᵐ, »
reposant sur des piles espacées de	79ᵐ, »
avec un seul porte-à-faux de	49ᵐ, »
Deux tabliers de jonction reposant sur les parties en porte-à-faux.	44ᵐ, »
Un pont tournant d'une longueur de	113ᵐ, »
Une travée extrême d'une longueur de	73ᵐ, »

Nous ne saurions dire auquel des projets de ces divers ouvrages appartient l'antériorité; il est possible d'ailleurs qu'ils soient l'application à grande échelle de constructions du même genre établies antérieurement dans des conditions plus modestes, et nous ne pouvons pas indiquer à qui revient, en réalité, le mérite de l'invention.

Dans certains ouvrages du même système, il a été fait emploi de tirants pour amarer l'extrémité des consoles sur les culées de rive, et assurer la stabilité de l'ouvrage; c'est le cas des ponts sur le Niagara et de Poug Keepsie sur l'Hudson dans lesquels les grandes travées atteignent 148^m 50 et 160^m de portée; c'est aussi le cas du pont du Forth.

La construction du viaduc du Viaur a été mise au concours par le gouvernement français en 1887, et a donné lieu à la production de divers projets, dont un présente une disposition relativement nouvelle.

L'ouvrage est constitué par deux charpentes métalliques symétriques présentant en élévation la forme d'un triangle dont le sommet serait en bas, et le côté opposé au sommet, horizontal; le triangle lui-même n'est pas symétrique et se prolonge d'un côté de son sommet inférieur, beaucoup plus loin que de l'autre côté.

Le sommet inférieur repose sur un socle en maçonnerie par l'intermédiaire de coussinets séparés par un axe de rotation; les deux parties les plus saillantes des triangles buttent l'une contre l'autre, par leur extrémité, au moyen de coussinets séparés par un axe de rotation.

Les deux extrémités les plus courtes des triangles supportent une travée de raccordement en métal, dont l'autre extrémité repose sur une culée.

En d'autres termes, c'est une sorte d'arc à trois articulations, une à chaque naissance et une à la clef, mais dont chaque moitié est prolongée en encorbellement en-deçà des naissances.

Ce système a pour double but de soustraire la construction à l'action de la dilatation, et de donner la certitude que, pendant le montage, il ne se produira aucune pression initiale, soit par le fait même du montage, soit par le clavage, comme il peut se produire dans les arcs continus malgré tous les soins apportés au montage.

Ce système de construction n'est encore qu'à l'état de projet.

L'ouvrage projeté est établi dans les conditions suivantes :

L'espace à franchir est la vallée très-creuse du Viaur, qui, pour une ouverture entre les crêtes de 800 mètres, présente une profondeur de 135 mètres environ.

Longueur totale de l'ouvrage. . . . . 460^m,00
Longueur de la partie métallique . . . . 410^m,00
Ouverture de la travée centrale . . . . 250^m,00
Ouverture de chacune des travées latérales. . . . . 80^m,00
Hauteur du dessus du rail, au-dessus du fond de la vallée . . . 116^m,80
Hauteur de la partie métallique au-dessus des articulations des naissances. . . . . 48^m,00
Flèche de l'arc . . . . 45^m,40
Longueur de chaque travée de raccordement. . . . . 26^m,00

Les trois systèmes de ponts métalliques que nous venons d'exposer répondent à des conditions tout à fait spéciales des ouvrages à construire, et ne sauraient être considérés comme des types destinés à entrer dans la pratique courante; ils rentrent d'ailleurs dans la catégorie des ouvrages rigides, c'est-à-dire dont toutes les parties sont assemblées par rivure, de manière à constituer un tout d'une seule pièce.

Si nous signalons seulement ces trois types de construction, cela ne veut pas dire que nous affirmons qu'il n'y en a pas eu d'autres; mais nous devons nous borner à ce qui nous a paru le plus important.

Il serait certainement très intéressant de discuter les différents systèmes de construction usités jusqu'à ce jour; de rechercher si des règles peuvent être adoptées pour déterminer, *à priori*, dans chaque cas particulier, à quel système la préférence peut être donnée; mais nous ne croyons pas que cette recherche puisse donner un résultat.

La tâche des ingénieurs serait trop simplifiée s'il était possible, par la résolution d'une équation, de déterminer avec certitude quel système de pont comporte chaque cas particulier; il faut tenir compte d'ailleurs des situations locales, de la nature du terrain sur lequel la construction doit être édifiée, des ressources en matériaux et en main-d'œuvre que présente la localité, des conditions et des distances de transport depuis les usines jusqu'à l'ouvrage, etc., etc., et tout cela ne peut entrer dans une formule.

Nous dirons seulement un mot des ponts suspendus, et de leur abandon à peu près complet en Europe, succédant assez rapidement à une application très fréquente de ce genre de construction.

Il nous paraît que l'emploi fréquent de ce système de ponts a tenu surtout à ce que la métallurgie n'offrait pas d'autres ressources à ce moment; le temps n'est pas très éloigné où les Forges ne produisaient que des tôles et des fers profilés de faible longueur et de faible section.

Le fil de fer était alors le produit le plus parfait de cette industrie; on admettait qu'il pouvait supporter sans inconvénient des charges très considérables par unité de section.

Il nous paraît que si l'on acceptait pour les ponts métalliques rivés, et par unité de section, un coefficient de travail aussi considérable, relativement à la résistance à la rupture, que celui qui était adopté pour les câbles en fil de fer des ponts suspendus, ceux-ci ne présenteraient pas, sauf peut-être pour les grandes portées, d'avantage sensible au point de vue économique, sur les ponts en tôle et fers profilés rivés.

Il faut aussi tenir compte de ce fait que dans les calculs des ponts suspendus on se contentait de surcharges très réduites, et enfin que l'on attribuait complaisamment aux bois des tabliers, des densités fort inférieures à celles de la pratique actuelle.

La différence serait en tout cas très largement compensée par les inconvénients inhérents aux ponts suspendus, tels que la variation de la résultante sur les appuis, la difficulté d'assurer de bons ancrages, l'oxydation des fils, enfin la mobilité de l'ouvrage résultant du fait même de la suspension; inconvénients qu'on a, il est vrai, beaucoup atténués dans les conditions nouvelles, mais qui n'en subsistent pas moins dans une certaine mesure.

Il convient de remarquer d'ailleurs qu'en Europe, et notamment en France, le contrôle permanent et très minutieux que l'administration exerce dans l'intérêt de la sécurité publique sur toutes les constructions, ne permettrait peut-être pas de réaliser dans les ponts suspendus toutes les économies que l'on a pu atteindre à l'étranger.

§ 2. — NOUVELLES CONSIDÉRATIONS INTRODUITES DANS LE CALCUL DES PONTS MÉTALLIQUES.

L'accident survenu au pont de la Tay, en décembre 1879, a attiré d'une façon toute spéciale l'attention des ingénieurs sur l'action du vent, dont il n'avait été tenu trop souvent qu'un compte insuffisant.

D'un autre côté, et notamment en Allemagne, des études ont été faites pour rechercher quelles modifications pouvaient se produire dans la constitution du métal, ou tout au moins dans sa résistance, par l'intermittence des charges qu'il supporte, et ont conduit leurs auteurs à affirmer que lorsqu'une barre de fer est chargée, puis déchargée un grand nombre de fois, sa résistance diminue, de telle manière que sa rupture se produit après un nombre suffisant d'alternatives de chargement et de déchargement, sous une charge très notablement inférieure à la charge permanente qui aurait produit le même résultat.

On a conclu de ces deux considérations qu'il y avait lieu de tenir compte, dans le calcul des ponts, de l'action du vent et de la détérioration du métal produite par l'intermittence des charges qu'il supporte, ou encore par les compressions et les tensions qui se produisent successivement dans certaines pièces.

En ce qui concerne le vent, il nous paraît qu'il convient, en effet, d'en tenir compte dans le calcul des tabliers métalliques à très grande ouverture, dans lesquels la surface d'action du vent est très considérable, et où par suite l'action du vent peut exercer des efforts dont l'importance se rapproche plus ou moins de celui des forces verticales. Mais il nous paraît qu'il ne faudrait rien exagérer ; un très grand nombre d'ouvrages métalliques ont été édifiés sans que l'action du vent ait été prise en considération dans les calculs ; des tabliers de 100, 120, 150 mètres d'ouverture construits depuis vingt ans, trente ans et plus, se sont parfaitement comportés jusqu'à ce jour ; il convient de remarquer d'ailleurs que l'accident de la Tay, qui a surtout attiré l'attention sur cette question, ne s'est pas produit sur le tablier métallique, mais sur les piles, dont la construction était indubitablement défectueuse.

On peut donc affirmer qu'il n'y a pas d'intérêt pour les ponts de portée médiocre et que leur situation n'expose pas à des ouragans, à se préoccuper de l'action du vent, qui peut tout au plus élever un peu le coefficient de travail du métal ; or, ce coefficient est assez loin de la limite d'élasticité pour donner toute sécurité.

On peut donc se borner à tenir compte de l'action du vent pour calculer les contreventements qui, pendant longtemps, étaient déterminés à peu près sans calcul et à l'œil ; mais il ne semble pas qu'il y ait lieu d'en tenir compte pour le calcul des poutres.

Si l'on voulait absolument en tenir compte, il conviendrait alors d'augmenter le coefficient de travail du métal.

En ce qui concerne la réduction de résistance du métal par suite de l'intermittence des efforts qu'il supporte, et sans entrer dans une discussion approfondie de la question, il nous semble qu'il convient de faire remarquer que les expériences de M. Woehler, qui servent de base aux considérations produites à ce sujet, ont été faites dans des conditions qui permettent la discussion de leurs résultats.

Ces expériences consistent à exercer sur une tige de métal des tractions successives et très rapidement répétées, qui se sont élevées jusqu'à 72 environ par minute, au moyen de leviers convenablement disposés, et chargés à leur extrémité par un poids ou un ressort.

L'appareil est mis en charge et déchargé alternativement par l'intermédiaire d'une barre avec ressort intercalé, agissant sur le milieu d'un balancier, dont une extrémité est reliée à l'extrémité du levier qui exerce la traction sur la tige de métal éprouvée, et dont l'autre extrémité est reliée à un levier qui reçoit l'action du poids ou du ressort déterminant la charge de la tige essayée.

L'intensité des tractions exercées sur la tige soumise à l'épreuve est mesurée par la relation de longueur des leviers, combinée avec le poids mis en œuvre, ou la tension du ressort.

Or, il semble que l'expérience ainsi disposée ne tient pas compte d'une influence qui peut être très considérable, et qui suffit pour expliquer les résultats donnés par les expériences : nous voulons parler de la force vive mise en jeu à chaque chargement et à chaque déchargement de la tige expérimentée.

Pour que l'action du poids ou du ressort produise par l'intermédiaire des leviers l'effort qu'on lui attribue, et surtout pour que cet effort se produise un certain nombre de fois par minute, il faut que le poids soit soulevé d'une certaine quantité, si petite qu'elle soit, que le ressort soit bandé d'une certaine quantité, que l'inertie des leviers intercalés entre la tige expérimentée et le poids ou le ressort, soit vaincue. Il en résulte que la tige expérimentée supporte ainsi, non seulement l'effort résultant de la combinaison des leviers et de l'action du poids ou du ressort, mais encore la force vive absorbée à chaque mise en charge par le système.

Nous pouvons citer comme preuve simple et convaincante de cette appréciation le fait suivant :

Pour déterminer pratiquement la résistance qu'une tôle offre au poinçonnage, des expériences ont été faites avec une machine à poinçonner, en faisant varier le diamètre du poinçon et l'épaisseur de la tôle à poinçonner; pour mesurer l'effort nécessaire au débouchage, la matrice reposait sur un levier dont l'extrémité était chargée d'un poids, dont la quotité devait déterminer l'effort nécessaire dans chaque cas pour produire le débouchage de la tôle, tandis que le poinçon était mis en mouvement par une manivelle de très petit rayon actionnant la bielle qui conduit le poinçon ; or, divers trous de diamètres très différents pouvaient être débouchés dans la même tôle, ou divers trous de même diamètre pouvaient être débouchés dans des tôles d'épaisseur différente, suivant que l'arbre à manivelle de la machine à poinçonner tournait plus ou moins vite. Ce résultat s'explique comme suit :

Dans un cas comme dans l'autre, au moment où le poinçon touche la tôle, son action produit d'abord une petite flexion, si petite qu'elle soit, du levier, et ensuite un soulèvement du contrepoids suspendu à l'extrémité du levier.

L'élévation du poids est d'autant plus considérable que l'arbre à manivelle tourne plus vite et que l'action du poinçon est plus rapide, pour le même contrepoids agissant sur le levier; et le diamètre des trous débouchés est plus grand dans la même épaisseur de tôle, ou l'épaisseur de la tôle débouchée plus faible pour un même diamètre de poinçon.

Ce résultat, constaté un très grand nombre de fois, avec des diamètres très différents, avec des épaisseurs de tôle très différentes, a pour origine l'action de la force vive mise en jeu par le travail de la machine, force vive qui résulte de l'inertie des leviers, de leur soulèvement, du soulèvement du contrepoids, et qui est d'autant plus considérable que l'action du poinçon est plus rapide.

On peut donc se demander si le résultat des expériences sus-visées sont indiscutables, et s'il convient d'en tenir compte dans les calculs des ponts métalliques; nous ne le croyons pas.

Nous ne voulons pas affirmer que l'intermittence des efforts ne produira aucun effet dans la texture du métal; mais il nous parait à première vue que la détérioration du métal, qui avait été constatée à l'origine dans les essieux de voitures, résultait plutôt des chocs répétés et très violents relativement aux sections considérées, que de la variation des efforts, ou de la nature des efforts; qu'elle ne se produisait qu'après un parcours très considérable, c'est-à-dire après que la cause destructive avait agi un nombre infini de fois.

Enfin on peut affirmer que l'économie de métal qui pourrait résulter de l'introduction de ces considérations dans le calcul des ponts métalliques, et dans la détermination des dimensions de leurs différentes pièces, ne serait pas considérable, et ne justifierait pas la complication des calculs.

§ 3. — EMPLOI DE L'ACIER

Aussitôt que la production de l'acier est entrée dans une voie nouvelle, les Ingénieurs ont cherché à l'employer.

A l'origine de cette nouvelle fabrication, l'acier était encore d'un prix assez élevé, et c'est tout d'abord dans la construction des chaudières qu'on a cherché à l'utiliser.

On avait tendu d'abord à produire des aciers extrêmement résistants, donnant 80 kilogr. et plus à la rupture par millimètre carré; dans ces conditions, on avait espéré pouvoir réduire très considérablement, presque de moitié, l'épaisseur des tôles de chaudières ; on avait dépassé ainsi la mesure et les insuccès ont été nombreux.

D'ailleurs, à ce moment la fabrication de l'acier était encore un peu incertaine ; le métal produit était de qualité très variable, et la fabrication cherchait encore sa voie.

Plus tard, les Forges sont arrivées à produire avec une quasi certitude et à leur volonté des qualités variant de l'acier vif, c'est-à-dire donnant une très grande résistance à la rupture et des allongements limités, à l'acier extra-doux caractérisé par des résistances à la rupture très limitées mais un allongement considérable.

En même temps le prix de l'acier s'était abaissé et il a été possible de songer à son emploi dans la construction des ponts.

Il nous parait que dans les conditions actuelles de fabrication on peut employer avec sécurité des aciers caractérisés par une résistance de 45 à 49 kilogrammes par millimètre carré à la rupture, et des allongements de 17 à 21 0/0 mesurés sur une éprouvette de 20 centimètres de longueur, le maximum d'allongement correspondant au minimum de résistance et le minimum d'allongement au maximum de résistance ; la limite d'élasticité de ce métal tendant vers 25 kilogr. par millimètre carré.

Dans ces conditions, le cœfficient de travail du métal peut être fixé à 10 kilogr. par millimètre carré, pour avoir la même sécurité que donnerait le cœfficient de 6 kilogr. pour l'emploi du fer.

On peut même admettre que ce cœfficient soit élevé à douze kilogrammes si l'on fait entrer dans les calculs l'action du vent, qui ne peut produire d'effort important qu'accidentellement, pourvu toutefois que l'action des charges normales et fréquentes ne puisse jamais faire travailler le métal à plus de dix kilogrammes par millimètre carré.

Il est bien entendu, d'ailleurs, que les cœfficients que nous indiquons, supposent que le métal est de la qualité indiquée plus haut, et que la disposition de la rivure sera étudiée en conséquence de l'emploi de ce métal, et ne sera pas établie comme pour le fer travaillant à six kilogrammes par miillimètre carré.

Cette observation nous conduit à rappeler certaines expériences faites sur l'emploi de l'acier pour la construction des ponts métalliques, et en particulier celles ordonnées par le gouvernement hollandais en 1877, et consistant dans l'essai de poutres en I, de 5 à 8 mètres de longueur, de 0^m,70 à 1^m,05 de hauteur, et composées d'une âme bordée de quatre cornières sur lesquelles étaient rivées des plates-bandes.

De ces expériences résulte le fait suivant :

Les poutres se sont rompues lorsque la charge d'essai était suffisant pour que les formules habituellement adoptées pour le calcul des poutres fléchies donnent au point le plus chargé de la poutre un coefficient de travail du métal de 22 kil. 6 à 62 kilogrammes par millimètre carré. Or les pièces constitutives de ces poutres, essayées à la traction, avaient donné à la rupture des charges variant de 42 à 85 kilogrammes par millimètre carré.

Ce résultat extraordinaire n'était pas fait pour encourager l'emploi de l'acier dans les constructions métalliques. Il tenait probablement en grande partie à ce fait que l'on avait employé, dans la constitution d'une même poutre expérimentée, des aciers de nature très différente donnant à la rupture un allongement très différent ; il en résultait qu'une partie avait déjà subi un allongement capable de produire la rupture, avant qu'une autre partie soit notablement mise en charge ; cette appréciation est corroborée par ce fait que dans plusieurs essais une des parties de la semelle travaillant à la traction ayant été rompue sous une charge déterminée, l'essai a pu être continué en augmentant la charge d'épreuve dans une mesure considérable avant la rupture du complément de la même semelle (charge d'épreuve à la 1re rupture 21 tonnes, à la 2e rupture 66 tonnes).

Il paraît tenir aussi à la disposition de la rivure, qui était à peu près celle employée pour les poutres en fer.

Il convient d'ailleurs de remarquer que des poutres constituées de cette manière étaient dans de mauvaises conditions de résistance pour des essais prolongés jusqu'à la rupture, mais que ces mêmes poutres auraient encore donné une grande sécurité, si elles avaient été soumises seulement aux efforts que l'on impose dans la pratique aux constructions métalliques, parce que dans ces limites, la différence d'allongement entre les deux tôles d'une même semelle aurait été relativement faible, et par conséquent les différences de travail moindres ; par exemple, et pour bien faire comprendre notre pensée, les deux parties de la même semelle, au lieu de travailler toutes deux à 10 kilogrammes par millimètre carré, auraient supporté en réalité l'une un effort de 13 ou 15 kilogrammes par millimètre carré, et l'autre un effort de 7 ou 5 kilogrammes, tandis que le calcul aurait indiqué un effort moyen commun de 10 kilogrammes.

Cette observation a son intérêt, en ce sens qu'elle montre qu'alors même que dans un pont certains éléments travaillant ensemble ne sont pas absolument de même nature, que l'acier de l'un des éléments est plus vif, plus résistant et donne un moindre allongement que l'autre, ces différences sont couvertes par le coefficient de sécurité, tant que le travail imposé au métal reste limité au quart de la charge de rupture, ce qui est le cas de toutes les constructions bien étudiées.

Néanmoins de l'impression produite par ces expériences du gouvernement hollandais était résultée une certaine inquiétude et l'emploi de l'acier était discuté.

Des expériences ont été entreprises de différents côtés sur l'acier, et dans l'une des plus anciennes maisons françaises adonnées à la construction des ponts métalliques on a renouvelé les expériences faites par le gouvernement hollandais en expérimentant comparativement des poutres en fer et des poutres en acier.

Il a été construit 4 poutres en fer et 9 poutres en acier de 4^m,50 de portée et de 0^m,30 de hauteur.

Dans une partie des poutres en fer, et dans une partie des poutres en acier, les trous ont été percés au foret; dans les autres, ils ont été poinçonnés et alésés ultérieurement de 1 millimètre tout autour.

La matière employée a été éprouvée à la traction, les fers ont donné à la rupture une résistance de 36 à 38 kilogr. et un allongement de 8,7 à 10, 2 0/0; les aciers ont donné une résistance à la rupture de 44 à 49,6 kilogr. et un allongement de 22,6 à 27 0/0, les allongements étant mesurés sur une éprouvette de 20 centimètres.

Les poutres en fer ont cédé par la rupture des pièces travaillant à la traction, alors que le calcul par la méthode ordinaire pour les poutres fléchies indiquait au point le plus chargé un travail du métal de 40 k. 15 par millimètre carré.

Les poutres en acier ont cédé par la déformation des pièces résistant à la compression, alors que le calcul par la méthode ordinaire pour les poutres fléchies indiquait au point le plus chargé de la semelle comprimée un travail du métal de 53 k., 50 par millimètre carré.

On peut donc affirmer que l'acier est aussi propre que le fer, à la construction des ponts métalliques, et que la résistance des poutres fléchies en acier comme en fer, est proportionnelle à la résistance à la traction du métal.

Il faut seulement remarquer que, dans ces essais, la poutre en acier cède par les pièces comprimées, tandis que la poutre en fer cède par les pièces travaillant à la traction; cette considération n'est pas d'ailleurs absolue, et conduit seulement à penser : que dans les ouvrages en acier, où les sections sont forcément réduites, il convient, au moins pour les essais conduits jusqu'à la rupture, de tenir compte de ce fait que pour des ouvrages de même importance, établis l'un en fer et l'autre en acier, les déformations se produisent plus facilement dans l'ouvrage en acier parce que les dimensions transversales sont plus réduites.

Les expériences précitées n'ont pas permis de constater de différence appréciable entre la résistance des poutres dont les trous avaient été forés, et celle des poutres dont les trous avaient été poinçonnés.

Cette dernière remarque nous conduit à signaler les observations faites par de très bons esprits sur les méthodes de travail à employer pour la mise en œuvre de l'acier.

On a d'abord pensé que le poinçonnage devait être proscrit; que les trous devaient absolument être forés; puis on a admis que le poinçonnage pouvait être pratiqué dans l'acier comme dans le fer, à condition toutefois de procéder ultérieurement à l'agrandissement, par voie d'alésage, du trou poinçonné.

On a aussi émis l'opinion que les aciers ne pouvaient pas être dressés au marteau, comme le fer, sans inconvénient ; que le cisaillage ne pourrait pas être pratiqué sans inconvénient sur l'acier ; que tout au moins après le dressage et le cisaillage l'acier devrait être recuit ; qu'il pourrait d'ailleurs suffire, après le cisaillage, d'affranchir à la meule, ou au burin, ou à la raboteuse, ou par tout autre moyen assimilable, la tranche cisaillée.

Il est bien certain que le poinçonnage est une opération un peu brutale qui exerce une certaine influence sur le métal dans le voisinage immédiat du trou qu'il débouche ; mais ce résultat n'est pas particulier à l'acier, il se produit aussi dans le poinçonnage du fer ; des expériences comparatives nombreuses ont été faites en perçant, dans la même éprouvette, un trou par poinçonnage et un trou par forage, et en rompant l'éprouvette par traction ; la rupture s'est toujours produite dans le trou poinçonné, quand les deux trous avaient le même diamètre ; et après certains tâtonnements, on est arrivé à déterminer l'excès de diamètre à donner au trou foré par rapport au trou poinçonné, pour que la rupture se produise le même nombre de fois dans l'un et dans l'autre.

Si l'on détermine la section nette qui reste dans une tôle employée à la construction des ponts, en tenant compte, pour fixer le diamètre des trous, des résultats obtenus suivant que les trous sont forés ou poinçonnés, on arrive à cette conclusion *que pour le fer*, une tôle dont la section nette travaille à 600 kilogr. par centimètre carré pendant la charge d'épreuve, quand les trous ont été forés, travaillera à 616 kilogr. par centimètre carré quand les trous ont été poinçonnés ; *que pour l'acier* les résultats seront réciproquement 1,000 kilogr. et 1,032 kilogr. par centimètre carré.

Des essais nombreux ont été faits aussi pour reconnaître si l'affranchissement à l'outil du bord d'une tôle ayant subi le travail du cisaillage, modifiait ses conditions de résistance. Les expériences faites n'ont pas permis de conclure, ou plutôt n'ont pas donné de différence entre le fer et l'acier.

Nous ferons remarquer à ce sujet que des chaudières en acier ont été construites il y a vingt ans, en poinçonnant tous les trous, et que ces chaudières n'ont pas donné de moins bons résultats que les chaudières en fer, quand on n'a pas employé dans leur construction des aciers trop vifs, en leur imposant un travail trop considérable.

Le poinçonnage, convenablement pratiqué, donne d'ailleurs un travail plus exact que le forage, et il est permis de penser qu'il ne convient pas de sacrifier cette exactitude du perçage des trous, fort importante pour obtenir une bonne rivure.

On ne peut pas nier d'ailleurs que l'action du poinçonnage est d'autant plus brutale que le métal dans lequel il s'exerce est plus résistant ; mais c'est surtout en adoptant une bonne disposition des matrices et des poinçons, c'est surtout en réglant l'écart entre ces deux outils, en assurant la meilleure portée possible de la tôle sur la matrice, que l'on peut réduire les inconvénients du poinçonnage. Et en tous cas l'alésage des trous poinçonnés nous paraît la limite extrême des précautions à prendre pour le perçage des trous, si toutefois cette précaution est réellement utile.

www.ingramcontent.com/pod-product-compliance
Lightning Source LLC
Chambersburg PA
CBHW070454080426
42451CB00025B/2735